PROVINCE

DRAMATIQUE.

L'ABBAYE DE FERVAQUES,

DRAME EN TROIS ACTES.

50 centimes.

A SAINT-QUENTIN,

CHEZ DOLOY, IMPRIMEUR-LIBRAIRE, GRAND'PLACE, 21.

1846.

L'ABBAYE DE FERVAQUES

OU

LES ESPAGNOLS A SAINT-QUENTIN,

DRAME EN TROIS ACTES,

PAR M. HALLEY.

Représenté pour la première fois, sur le Théâtre de Saint-Quentin,
le 29 décembre 1845, et repris le 18 octobre 1846.

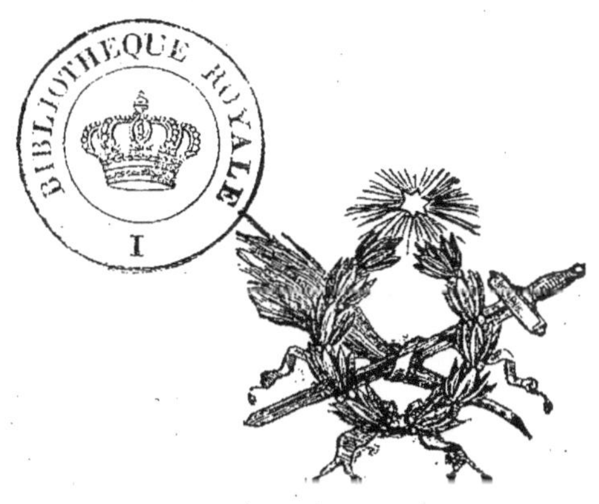

SAINT-QUENTIN.

IMPRIMERIE DOLOY ET TEAUZEIN, GRAND'PLACE.

1846.

L'ABBAYE DE FERVAQUES

ou

LES ESPAGNOLS A SAINT-QUENTIN,

Drame en 3 actes,

PAR M. HALLEY,

Représenté pour la première fois, sur le Théâtre de Saint-Quentin, le 29 décembre 1845.

Personnages.

ENGUERRAND D'OLIVET, Mayeur de Saint-Quentin.	MM. HALLEY.
GASPARD D'OLIVET, son fils.	DORVILLE.
HUGUES, Comte de Vermand.	LUDOVIC.
Le Comte D'ARCOS, Gouverneur de Saint-Quentin.	MONTCLAR.
D'AVILLA, Officier Espagnol.	DOLET.
PEREZ, id.	ARTHUR.
JEAN PEUQUOY, Capitaine des Compagnons de l'Arc.	CHARLES LÉO.
Le Sire D'OESTRES.	LOUIS.
Le Sire D'ISLE.	CHARLES.
Maître ETIENNE GRAVIER, Syndic des Bouchers.	MAIRE.
Maître MATHIEU, Syndic des Charrons.	VICTOR.
Maître BRUYANT, Syndic des Corroyeurs.	POTIER.
MARCELIN, Tavernier.	CHARDON.
MATHURIN, Domestique du Mayeur.	COCHET.
MARIE, fille du Mayeur.	Mmes YGONNET.
MARGUERRITE D'ARCOS, Abbesse de Fervaques.	ESCOFFIER.
ROSALIE, Novice,	HALLEY.
DOROTHÉE, Novice.	DOLET.
UNE RELIGIEUSE.	DORVILLE.
GERTRUDE, Servante d'Enguerrand.	VICTOR.

MOINES, SOLDATS ESPAGNOLS, BOURGEOIS, PÉLERINS, RELIGIEUSES.

La Scène se passe à Saint-Quentin, en 1559.

ACTE PREMIER.

Le Capitaine des Compagnons de l'Arc.

DÉCOR. — L'intérieur d'une Taverne, portes à droite, à gauche et au fond, croisée au fond à droite de la porte ; grand bahut et verrier à gauche.

SCÈNE Ire.

OFFICIERS ESPAGNOLS, D'AVILLA, PEREZ, *assis à droite.* Me MATHIEU, Me ETIENNE, Me BRUYANT, *à gauche.* GASPARD *et d'autres* BOURGEOIS *au-dessus ; au fond* SOLDATS *et* BOURGEOIS, *buvant à des tables différentes.*

PEREZ, *debout et tourné vers les bourgeois.* Oui, mes maîtres, ce devait être pour vous un spectacle nouveau et éblouissant, que de voir le duc Philibert-Emmanuel de Savoie sur son beau cheval blanc, défiler dans vos rues à la tête de son brillant cortége ; vrai dieu ! ce spectacle n'est pas vu par vous tous les jours !

Me BRUYANT. J'en conviens, messire, mais le spectacle du dehors n'était sans doute pas le plus merveilleux ; on dit de par la ville que la cérémonie de l'installation de l'abbesse était réellement pompeuse et magnifique.

D'AVILLA. Et ceux qui l'ont dit ne vous ont pas trompé, maître. C'était en effet une belle et imposante cérémonie, et à laquelle n'ont été admis que les seigneurs qui ont prêté serment de fidélité au roi notre maître ; le gouverneur de cette province, au nom de Philippe II, a voulu présider lui-même à l'installation de la nouvelle abbesse de Fervaques.

PEREZ. Et cette installation-là a provoqué bien des rumeurs dans la ville ; j'ai craint un moment quelque rébellion

D'AVILLA. Une rébellion ? vive Dieu ! cela n'est pas à craindre dans cette bonne Picardie, non plus que dans les Flandres. La bière leur rend le sang trop lourd.

GASPARD. Pourtant, j'ai entendu dire que par-delà le Brabant, les Espagnols viennent de subir un furieux échec, et que le duc d'Albe vient d'être également battu par les Hollandais. Ce sont pourtant comme nous des buveurs de bière, qui ont le sang lourd. Il paraît que les coups qu'ils portent sont comme leur sang.

D'AVILLA. Sais-tu, manant, que tes sots propos, entendus par un des agens de l'inquisition, te conduiraient au gibet plus tôt qu'à la fortune.

GASPARD. Je ne croyais pas qu'il fût mal de répéter des bruits qui paraissent fondés.

D'AVILLA. Devant nous, non. Nous sommes soldats, et non inquisiteurs ; nous nous battons bravement et loyalement, et nous ne cherchons jamais à pourvoir les bûchers de l'inquisition ; mais il y en a tant d'autres dont c'est le métier que je t'engage à contenir ta langue, si tu ne veux qu'elle te conduise à mal.

GASPARD. Merci de l'avis, messire. Mais ce bruit que j'ai répété, je viens de l'apprendre au dehors.

D'AVILLA. Tu n'es donc pas de ce pays-

GASPARD. Non, messire ; je suis de Bruxelles en Brabant : par état je suis marchand colporteur. Je me mêle peu de politique et de guerre, mais ayant été témoin de la défaite du duc d'Albe à Utrecht en Hollande, ayant assisté à sa rentrée à Bruxelles, je n'avais pas cru mal agir en donnant cette nouvelle à de braves marchands avec qui je suis souvent en rapport d'affaires.

D'AVILLA. Le duc d'Albe vaincu et fuyant vers Bruxelles ! es-tu sûr de ce que tu viens de dire ?

GASPARD. Je l'ai vu !..

D'AVILLA. Peut-être le gouverneur n'en est-il pas encore instruit ! si j'allais le lui apprendre ?.. oui !.. (aux Espagnols). Allons, camarades, le couvre-feu ne peut tarder à sonner, il est temps de partir.

PEREZ. Si tôt ?

D'AVILLA. Les nouvelles ordonnances sont trop rigoureuses pour ne pas s'y soumettre.

PEREZ. Les ordonnances des vainqueurs ne sont que pour les vaincus.

D'AVILLA. Le mayeur ne plaisante pas sur ce sujet, retirons-nous.

PEREZ. Le mayeur ! le mayeur ! Il ne fera jamais que ce que le gouverneur voudra.

D'AVILLA. A votre aise ; moi je pars.

PEREZ. Nous te suivons.

(Les espagnols se lèvent et partent ainsi que les bourgeois.)

SCÈNE II.

Mᵉ MATHIEU, Mᵉ ETIENNE GRAVIER, Mᵉ BRUYANT, GASPARD.

Mᵉ MATHIEU. Oui, certes, j'aurais bien voulu assister à cette cérémonie ; mais le populaire n'y était pas admis. Il fallait faire preuve de haute noblesse et de modérantisme. Mais le mayeur à qui j'ai entendu parler de la chose en était touché jusqu'aux larmes.

ETIENNE GRAVIER. Le mayeur, moins que tout autre, eût dû en être flatté ; car il espérait sans doute quelque chose pour sa famille, et il n'en a rien été ; tout a été pour les Espagnols.

BRUYANT. C'est vraiment pitié, messieurs, de voir cette bonne ville administrée, gouvernée et dirigée par des Espagnols. Philibert de Savoie avait promis, en en prenant possession, de maintenir chacun dans sa place, et depuis cette époque, tous ont été destitués, emprisonnés ou chassés, et les Espagnols ont pris possession des titres et des emplois.

SCÈNE III.

LES MÊMES, JEAN PEUQUOY, *il est entré depuis quelque temps et a entendu les dernières phrases de Mᵉ Bruyant.*

JEAN. Le gouverneur espagnol n'a nullement destitué, ni chassé les titulaires des emplois de la ville, ce sont ceux qui tenaient ces places qui les ont quittées de leur plein gré, et non par force. Des emplois ! des titres ! des places ! quel enfant de la ville eût donc voulu en accepter des mains de l'étranger.

Mᵉ ETIENNE. Pourtant, le mayeur ?

JEAN. Le mayeur a été nommé par l'Espagnol, pour jeter une amorce aux habitants de la ville, et tâcher de les faire rentrer dans leurs demeures ; voilà pourquoi Enguerrand a été fait mayeur de Saint-Quentin. L'autre... celui qui est mort au siége, n'aurait, certes, pas accepté ses fonctions sous la domination étrangère. Il les anoblissait celui-là, Enguerrand les déshonore.

BRUYANT. Il ne faut pourtant pas oublier que c'est au mayeur Enguerrand que l'on doit la prospérité qui règne ici maintenant. Après le siége, la ville était déserte, c'est lui qui a sauvé les habitants, et fait rentrer tous ceux qui avaient abandonné Saint-Quentin.

JEAN. Honte à lui de l'avoir fait. Les Espagnols auraient abandonné une ville déserte, et sont restés maîtres d'une cité riche et prospère; mais depuis qu'a-t-il fait pour tous?.. ce mayeur que Dieu damne! Ne l'avons-nous pas toujours trouvé occupé à rendre l'occupation étrangère forte et puissante. Il a enrichi les marchands, c'est vrai; mais d'hommes libres, il a fait des esclaves. Vous n'étiez pas ici à l'époque néfaste dont je vous parle: vous fuyiez la ville qu'il aurait fallu défendre, vous habitiez vos campagnes, et n'êtes venus qu'avec l'étranger, vous réjouissant de sa victoire, et mendiant sur ses pas votre part dans la dépouille des vaincus.

Mᵉ BRUYANT. Pourtant...

JEAN. Est-ce que vous avez vu St-Quentin, ville vierge jusqu'alors, défendant et sauvant la France d'une invasion; arrêtant sous des murs et des remparts délabrés une armée envahissante? est-ce que vous avez vu se mêler et confondre, chevaliers et bourgeois, compagnons de l'arc et soldats, prêtres et manants, et tous soumis, obéissants aux ordres d'un seul chef, d'un héros, de Coligny, se jeter sur la brèche au-devant d'un ennemi vingt fois plus nombreux, et sans pain, sans vivres, sans munitions, l'arrêter comme la Méditerranée arrête l'Océan, et nouvelles colonnes d'Hercule, lui crier : nul ne passe au-delà... — O vous, braves compatriotes!.. généreux défenseurs de votre liberté!.. généreux compagnons de l'arc! vous qui avez versé votre sang pour la cause de la patrie, et qui êtes tombés avec la ville martyre!.. à quoi donc ont servi votre dévouement et votre courage, puisque ces campagnards qui vous ont fait tomber avec votre cité, viennent sur les pas de l'étranger se couvrir de vos dépouilles, et raser vos remparts qu'ils n'auraient pas su défendre? à quoi a servi votre mort, vaillants soldats de la France, quand on peut voir un Enguerrand mayeur de Saint-Quentin? Enguerrand qui, au lieu de mourir sur vos remparts, est allé offrir ses services à Philibert de Savoie, et a été mendier au camp étranger la dépouille d'un héros qui venait de tomber sous le fer de l'ennemi. Le sang de la victime fumait encore, quand Enguerrand, le nouveau mayeur nommé par Philibert, faisait reconnaître l'autorité de l'Espagne, et insultait peut-être à la dépouille de celui qui venait de mourir sur la brèche, du mayeur dont nos descendans ne prononceront le nom qu'avec amour et respect, du mayeur dont ils associeront la gloire à celle du gouverneur. Et si se rappelant le siège et les malheurs de leur ville, ils disent : gloire au héros Coligny, ils diront aussi: honneur au martyr, Varlet de Gibercourt. Mais l'heure s'avance, il faut que je m'éloigne; maître Marcelin, voulez-vous me donner un peu de bière et de pain?

MARCELIN. Entrez-là, messire, et vous allez être servi.

(Jean sort.)

SCÈNE IV.

LES MÊMES, *hors JEAN PEUQUOY.*

Mᵉ BRUYANT, *arrêtant Marcelin qui a été prendre de la bière.* Dites-moi, Marcelin, quel est cet homme?

MARCELIN. Jean Peuquoy, capitaine des compagnons de l'arc au siége de Saint-Quentin. Depuis la prise de la ville, depuis deux ans, il habite le clocher de la collégiale, et ne descend que quand la faim se fait trop sentir.

BRUYANT. Il n'a pas l'air heureux.

MARCELIN. Il a tout perdu au siége.

BRUYANT. Et comment vous paie-t-il?

MARCELIN. Je ne lui demande rien.

BRUYANT. Vous ne ferez pas fortune.

(Marcelin sort.)

SCÈNE V.

LES MÊMES, *hors MARCELIN.*

BRUYANT. Ce Jean Peuquoy, malgré tout, n'est peut-être pas sans raison. Que diable! nous sommes nouveaux habitants de la ville, c'est vrai! mais aux droits des anciens, nous devrions réclamer; moi d'abord, si je me trouvais jamais en face du gouverneur, je lui dirais bien son fait là-dessus.

Mᶜ ÉTIENNE. Et moi, je lui demanderais pourquoi il a licencié la garde civique et les compagnons de l'arc.

Mᵉ MATHIEU. Et pourquoi ces nouvelles ordonnances? pourquoi le couvre-feu sonné une heure plus tôt que jadis? pourquoi n'avons-nous plus la même liberté qu'autrefois?..

BRUYANT. C'est la faute du mayeur, comme le disait tout à l'heure ce brave homme, à qui je rends pleine justice, du mayeur qui a abandonné ses concitoyens, qui est espagnol de cœur maintenant, et se ligue au gouverneur pour opprimer les habitants de la ville.

Mᵉ MATHIEU. Ce mayeur, cet Enguerrand d'Olivet, je lui croyais du courage. Autrefois je le croyais bon citoyen; quelle duperie!

Mᶜ ÉTIENNE. Il faudrait rassembler nos corps d'état, et aller à leur tête demander au duc Philibert justice de toutes les exactions.

Mᵉ MATHIEU. Et s'il refuse?

BRUYANT. S'il refuse, faire comme les bourgeois de Hollande, nous révolter et les chasser d'ici.

MATHIEU. C'est cela, maître, rassemblons les corps d'état, et allez à leur tête demander justice au duc de Savoie.

ÉTIENNE, *à Bruyant.* Que direz-vous?

BRUYANT, *à Mathieu.* Oui, que direz-vous?

MATHIEU, *à Étienne.* Comment commencerez-vous?

ÉTIENNE, *à Mathieu.* Non, vous?

MATHIEU, *à Etienne*. Non, lui.

BRUYANT, *à Etienne*. Oui, vous?

ÉTIENNE, *à Mathieu*. Comme syndic des charrons, c'est à vous de parler.

MATHIEU. C'est plutôt à vous qui êtes celui des bouchers.

BRUYANT. Moi, messieurs, comme syndic des corroyeurs, je ne puis prendre la parole.

ÉTIENNE. Moi, je ne parlerai certes pas.

MATHIEU. Ni moi.

BRUYANT. Voyons, voyons, expliquons-nous tranquillement. Supposant qu'un de nous parle, et que le duc nous refuse net, que ferons-nous?

MATHIEU. Nous en appellerons à la force des armes.

ÉTIENNE. Oui, c'est cela... comme vous y allez, vous.. en appeler aux armes pour attirer les malandrins et les mauvais garçons sur notre territoire, faire piller nos maisons, nos magasins, non pas. Tenez, au lieu de tout cela, il vaudrait mieux...

MATHIEU. Rester tranquilles.

BRUYANT. C'est mon avis, jusqu'à nouvel ordre.

ÉTIENNE. Le mien aussi.

BRUYANT. Sur ce, retirons nous.

(Ils vont pour sortir, Gaspard les arrête.)

GASPARD, *avec ironie*. Vous avez raison, mes maîtres, et vous faites bien. J'ai craint un moment qu'emportés par votre bouillonnant courage et votre généreux dévouement, vous n'alliez sur le champ rassembler vos corporations et demander justice au gouvernement des vexations espagnoles; mais vous m'avez rassuré bientôt; en effet, est-ce donc à vous à aller demander quelque chose au duc de Savoie? qui vous opprime, vous? personne!... Laissez donc le peuple défendre et discuter ses droits, s'il en a. Mais vous, bons bourgeois, pour un peu de pouvoir et de liberté, vous iriez exposer vos maisons et vos marchandises; allons donc, ce serait de la folie, et vous ne le ferez pas. Que l'ouvrier meure de faim dans vos rues, que vous importe? vous aurez toujours de quoi manger; que sans jugement et sans motifs on passe par les armes quelques manants; que vous fait?.. on ne s'adresse pas à vous!.. d'ailleurs dans la lutte que vous engagerez, vous ne serez soutenus que par le peuple, ce n'est pas certes le mayeur qui vous viendra en aide, lui, sans cœur, sans âme, espagnol parce qu'on lui a jeté un titre, et un nom qui ne vaut pas le sien; lui, qui a chassé son fils, parce qu'il supportait avec peine le joug de l'étranger.... Laissez donc, mes bons maîtres, les choses aller leur train, soyons espagnols puisqu'il plaît à Dieu, et maintenant allez vous coucher et fermez bien les portes de vos maisons et de vos magasins... Eh! que vous importe à vous, la liberté ou la tyrannie? pourvu que vos affaires prospèrent, que votre fortune s'accroisse. Espagnols ou français, libres ou

esclaves, vous n'en vivez pas moins joyeux et contents; ne pensez donc pas à tout cela... la liberté, la France, l'esclavage, l'Espagne, la justice, l'inquisition, la tyrannie, laissez tout cela à défendre ou à combattre, aux rêveurs, aux songes-creux qui vont follement sacrifier leur vie et leur fortune sur ce qu'ils appellent l'autel de la patrie, et meurent victimes et ignorés dans l'abandon et l'indigence; tandis que vous, suivant le cours des choses, et prenant le temps comme il vient, vous vivez chez vous, joyeux, contents, bien repus, sans soucis de la veille ni embarras du lendemain, et vous inquiétant peu à votre réveil que votre ville soit française ou espagnole, et allant même par passe-temps voir brûler aux flammes des bûchers de l'inquisition l'homme du peuple, le manant, convaincu d'amour de la patrie ou de la liberté. Mais vous êtes raisonnables, et vous retenir plus longtemps serait peut-être inquiéter vos femmes, qui doivent vous attendre. Bonsoir donc, mes maîtres... et dormez bien.

Me MATHIEU, *à part*. Cet homme dit juste ma pensée, ce doit être un agent de l'inquisition; j'ai bien fait de ne pas me mettre trop en avant.

Me ÉTIENNE, *à part*. C'est un affidé du gouverneur! j'ai peut-être trop parlé.

Me BRUYANT, *à part*. Je suis trop bon patriote... je me laisse toujours entraîner, et j'ai le tort de parler quand il y a des étrangers; si cet homme allait me porter quelque tort. (*Haut*) Bonsoir, maître, et merci de vos conseils, je m'en souviendrai. (*A part.*) Désormais je ferai attention.

MATHIEU. Allons, maître Etienne, et vous maître Bruyant, je vous attends, partons-nous.

ÉTIENNE. Encore bonsoir, colporteur.

GASPARD. Bonsoir.

ÉTIENNE, *en sortant*. Je suis sûr, Bruyant, que votre femme vous attend avec grande impatience.

BRUYANT, *de même*. Il est bien singulier que la vôtre ne soit pas venue vous chercher ce soir.

(Ils sortent).

SCÈNE VI.

GASPARD, *seul*. Et ils vont partout vantant leur patriotisme, leur amour et leur dévouement à la cause nationale; vanité humaine! pour un peu d'or et d'honneurs ils vendraient encore leur ville; leur patriotisme, c'est l'accroissement de leur richesse; leur amour de la patrie! le bien-être et la domination : leur dévouement est de ne sacrifier rien pour rien. Qu'importe à leur mercantilisme, qu'Espagne ou France règne ici. Tant qu'Espagne règne, ils sont soumis et humbles, chiens couchants, léchant le pied des maîtres qu'ils n'osent mordre. Que France arrive, ils feront parade de l'oppression qu'ils ont censé subie, tâcheront d'obtenir quelqu'indemnité, ou quelque charge qui les récompense d'un joug qu'ils ont supporté avec patience ; l'amour de la liberté est sur leurs lèvres, et celui de l'or dans leurs cœurs. Aux plus nobles pensées, aux plus beaux élans du génie, aux enthousiastes qui embrassent avec ardeur la plus belle et la plus sainte des causes, ils n'ont qu'une demande à faire pour suivre ou fuir leur bannière, de l'argent ?.. toujours de l'argent !.. qu'ils croupissent donc, dans leur fange, ces lâches ; dans leur ignorance et dans leur esclavage ; la cause de la France est trop noble et trop grande, pour se servir de semblables adeptes !

SCÈNE VII.

GASPARD, MARCELIN.

MARCELIN. Maître, nous sommes enfin seuls, et nous pouvons parler. Quels ordres avez-vous à me donner.

GASPARD. Dis-moi, Marcelin, que penses-tu de ces marchands ?

MARCELIN. Ils sont tous de même, maître, leur dévouement au pays est taxé comme leurs marchandises ; seulement l'une se paie en argent et l'autre en honneur.

GASPARD. Comme leur courage se distille en paroles et non en actions.

MARCELIN. Au jour du danger, il faut pourtant les avoir avec soi.

GASPARD. Pour qu'ils se targuent de la victoire ou nient la défaite.

MARCELIN. Il faut les prendre comme ils sont ou s'en passer.

GASPARD. C'est aussi ce que j'espère ; assez de cœurs généreux battent dans de nobles poitrines ; les fils de Saint-Quentin ne sont pas dégénérés ; ceux qui ont déjà combattu avec moi combattront encore ; les défenseurs de la liberté se recrutent dans le peuple. Eh bien ! c'est à lui que j'en appellerai. Mais que pense-t-on ici ? que fait-on ?

MARCELIN. On supporte toujours avec peine le joug de l'Espagne, et le peuple appelle le jour de la délivrance de tous ses vœux.

GASPARD. Et mon père ?

MARCELIN. L'âme damnée du comte d'Arcos, gouverneur de la ville, l'exécuteur de ses arrêts, et l'oppresseur le plus acharné de ses concitoyens.

GASPARD. Que Dieu lui pardonne ses criminelles tentatives ; au jour de la délivrance la France aura de terribles comptes à lui demander, et ma sœur Marie ?

MARCELIN. Votre père l'a refusée à messire Hugues de Vermand, qui l'aime et qui en est aimé, et cela parce que messire Hugues refuse de prêter serment de fidélité aux Espagnols.

GASPARD. C'est un noble cœur, ce Hugues de Vermand.

MARCELIN. Aussi votre père a-t-il voulu la forcer d'épouser le comte d'Avilla, officier espagnol, et pour se soustraire à cette tyrannie, elle a été obligée de se réfugier au couvent de Fervaques ; mais je crains qu'on ne l'en arrache ou qu'on ne la force à prononcer ses vœux, car Fervaques est sous la domination de la nouvelle supérieure, qui est sœur du comte d'Arcos, gouverneur de la ville, et tante de ce d'Avilla.

GASPARD. Marie ne restera pas dans ce couvent, j'irai la chercher, et si l'on refuse de me la remettre, eh bien ! je l'en arracherai.

MARCELIN. Prenez garde, messire ! vous savez que je vous suis tout dévoué, que c'est de vous que je tiens le peu d'argent qui m'a servi à former ce petit établissement ; que s'il vous faut mon sang ou ma vie, je suis prêt à vous les donner ; mais craignez d'essayer une tentative qui pourrait vous conduire au bûcher, le tribunal de l'inquisition ne plaisante pas ici.

GASPARD. Et que m'importe ma vie ! ne l'ont-ils pas condamnée déjà ? Mais je verrai, j'agirai suivant les circonstances. As-tu prévenu nos amis.

MARCELIN. Jean Peuquoy est là, prêt à venir dès que je le préviendrai.

(On frappe.)

Et tenez, si je ne me trompe voici les autres qui arrivent.

(A la porte.)

Qui est là ?

MARCELIN. Ce sont eux !

(Il va ouvrir, les seigneurs entrent, Marcelin ferme la porte et va chercher Jean Peuquoy.)

SCÈNE VIII.

GASPARD, MARCELIN, HUGUES DE VERMAND, LE SIRE D'ŒSTRES, LE SIRE D'ISLE, JEAN PEUQUOY.

GASPARD. Fidèles au rendez-vous, messieurs, les sires d'Oëstres sont toujours exacts aux intérêts du peuple, et Jean, mon brave Jean Peuquoy, le digne capitaine des généreux compagnons de l'arc, toujours le premier sur la brèche quand il s'agit du bonheur de la France ; vos mains, messieurs, noblesse et peuple ne font qu'un, quand il faut défendre le sol de la patrie. Mais pardon, messire, je ne vous connais pas, j'ignore votre nom ! quoique je sache que vous êtes des nôtres, présenté, comme vous l'êtes, par nos braves amis.

HUGUES. Oui, messire, je suis des vôtres, et partout où l'on verra votre bannière, la mienne suivra. Mon nom n'est pas connu aujourd'hui, il le sera peut-être demain. Je me nomme Hugues de Vermand.

GASPARD. C'est le nom d'un homme de cœur et de courage. Si je ne connaissais pas encore votre visage, je connaissais du moins vos actions; je savais déjà que vous aimiez ma sœur, et que vous n'avez pas voulu la devoir à une lâcheté et une trahison.

HUGUES. Cela est vrai, et j'ai refusé d'accomplir cette trahison, car la main de votre sœur ne peut et ne doit appartenir qu'à un homme de cœur.

GASPARD. Je vous en remercie pour elle, messire, et dès ce jour, si vous voulez, nous serons frères.

HUGUES. C'est le plus cher de mes vœux.

GASPARD. Votre main donc, frère, et espérons des jours plus heureux.

JEAN PEUQUOY. Mais voyons, messire, quoi de nouveau, et pourquoi cette réunion ce soir? je n'ai osé vous interroger ni vous parler tantôt devant ces marchands, mais enfin nous sommes seuls, et on peut s'expliquer. Marcelin, votre digne hôte, m'a dit ce matin : à ce soir à dix heures; l'heure est venue, nous sommes présents, parlez, car mon impatience est grande.

GASPARD. C'est une bonne et grande nouvelle que je vous apporte, le duc d'Albe vient d'être battu à Utrecht par les Hollandais, il a été poursuivi jusqu'en Brabant, et son armée est presque détruite.

JEAN. Eh bien?

GASPARD. Vous ne comprenez donc pas que le moment est venu de briser ce joug de fer qui nous accable et qui nous décime; vous ne comprenez donc pas qu'une armée française, qui se recrute de jour en jour, sera dans quelque temps aux portes de notre ville, et que nous serons enfin à jamais délivrés du joug et de la présence de l'étranger.

JEAN. Dans quelque temps ?..

GASPARD. Dans quelques jours peut-être; vous ne comprenez donc pas que si je suis revenu avant cette armée, c'est que j'avais une pensée, noble et glorieuse, une pensée qui vous est sans doute venue à vous comme à moi, que nous ne pouvions et ne devions pas rester simples spectateurs d'une semblable lutte, qu'il fallait aussi que nous, enfants de la ville martyre, nous descendions dans l'arène pour venger nos frères, morts en hé-

ros, et prouver à ces insolents étrangers que le plus noble sang de France coule encore dans nos veines.

JEAN. Il faut combattre!

GASPARD. Il faut réunir tous nos amis, tous nos compatriotes, nous armer en silence, jeter les premiers cris de guerre et frapper l'Espagnol au sein de nos foyers.

LE SIRE D'OESTRES. Ils sont bien sur leurs gardes, peut-être ne pourra-t-on pas les surprendre.

GASPARD. Aussi, ce n'est pas une surprise que je veux, mais une attaque en plein jour, au beau soleil, où l'on puisse voir et compter ses ennemis.

HUGUES. Leurs troupes sont nombreuses et bien disciplinées, l'entreprise de jour serait peut-être insensée.

GASPARD. Et qu'importe! plus notre entreprise paraîtra insensée, plus elle sera glorieuse, si nous triomphons.

JEAN. Le sang qui nous reste appartient au pays; nous ferons ce que vous direz, guidez-nous!..

GASPARD. A la bonne heure! donc. Vous, sire d'Oëstres, avec les hommes que vous pourrez réunir, vous garderez les abords de la place et de la maison de ville; vous, sire Roger, le quartier d'Isle, et empêchez, s'il se peut, les soldats espagnols de se réunir contre nous; Jean Peuquoy, le quartier Saint-Martin, et moi et sir Hugues le couvent de Fervaques.

HUGUES. Où est votre sœur?

GASPARD. Où est ma sœur, que je veux, si Dieu nous vient en aide, faire l'épouse de Hugues de Vermand.

HUGUES. Merci, frère.

GASPARD. Et maintenant amis, nous remettons notre sort entre les mains de Dieu... si nous sommes vainqueurs, nous aurons accompli une grande et sainte mission... vaincus, nous irons rejoindre au ciel les martyrs qui nous ont précédés, et qui sont morts, comme nous mourrons, en combattant pour la France et pour la liberté.

(TABLEAU. — Fin du premier acte.)

ACTE DEUXIÈME.

L'Abbesse de Fervaques.

DÉCOR. — La cour de l'Abbaye; galerie circulaire. Au premier plan, entrées latérales; au fond, une grande croix au milieu de la cour; bancs de pierre. — Au lever du rideau, petit jour; on entend les orgues de l'église.

SCÈNE Iʳᵉ.

UNE RELIGIEUSE, *conduisant* LE COMTE D'ARCOS *et* ENGUERRAND, *enveloppés de manteaux.*

LE COMTE D'ARCOS. C'est l'heure de l'Angelus?

LA RELIGIEUSE. Si monseigneur daignait attendre ici, j'irais prévenir madame la supérieure.

LE COMTE. Attendez la fin de la prière, ne la dérangez pas de ses pieux devoirs.

(La religieuse salue et sort.)

SCÈNE II.

LE COMTE, ENGUERRAND.

D'ARCOS *va regarder dans l'église*. Quel calme ! quel silence ! que de sérénité dans leur âme, et que de candeur sur leur visage, que sont pour ces enfants les orages et les pompes du monde ? une seule pensée, un seul désir les anime, et leurs prières montent vers Dieu en chants purs comme leurs cœurs.

ENGUERRAND. Que de regrets et de déceptions peut-être !..

D'ARCOS. Des regrets, messire !.. peuvent-elles en avoir d'abandonner un monde où tout n'est que leurre et mensonge ; des déceptions !.. peut-il en exister quand on quitte les hommes pour Dieu ?.. quand on laisse la terre pour le ciel et le purgatoire pour le séjour des justes.

ENGUERRAND. Je comprends, monseigneur, qu'il ne peut y avoir ni regrets ni déceptions pour celles que leur cœur entraîne vers cette pieuse retraite ; enfants nées pour la solitude, elles goûtent ici tous les charmes du repos et de la prière ; leur âme n'a point de souvenirs, ni des pompes du monde, ni de ses dangers ; leurs heures de recueillement se passent à faire des vœux pour quitter bien vite la terre, et monter au ciel prendre place aux pieds de leur divin maître : Dieu est toute leur joie, toute leur espérance. Elles attendent avec bonheur le jour où il doit les rappeler vers lui ; pour celles-là, monseigneur, il n'y a ni regrets ni déceptions ; mais les autres qui, quoique jeunes encore, ont d'abord rêvé un autre avenir, qui, dans leurs pensées et leurs causeries du jeune âge, se sont habituées à un sort peut-être moins doux, moins tranquille, mais plus dans leurs goûts et dans leurs premières habitudes, croyez-vous, monseigneur, qu'il n'y a point pour elles déceptions et regrets : regrets du passé, où elles rêvaient un avenir moins sûr, mais peut-être plus heureux et plus brillant ; déceptions de ce que dans cette pieuse retraite elles n'ont point rencontré ce qu'elles espéraient trouver pour satisfaire leur cœur, et que leurs vœux sont stériles pour obtenir de la grâce de Dieu un rayon de sa grandeur divine, pour donner à leur âme la sérénité qu'il faut pour le prier avec ferveur.

LE COMTE. Où voulez-vous en venir ?

ENGUERRAND. Que le cloître devrait être, comme le temple de Dieu, monseigneur, ouvert à tout venant, qui serait libre d'y entrer comme d'en sortir.

LE COMTE. Et que deviendrait alors la religion ?.. ces pieuses maisons, sanctuaires de la prière et de la béatitude, serviraient donc de refuges aux femmes folles de corps et polluées des orgies du monde. Il faut à Dieu, monsieur, des cœurs jeunes et neufs ; il lui faut des vierges, pour que leurs prières montent à lui, et non des Madeleines repenties....

ENGUERRAND. Dieu pardonna à Madeleine ses fautes, en faveur de son repentir.

D'ARCOS. Je ne l'eusse pas fait, moi ! serviteur du trône et de l'autel, je frappe et condamne, sans pitié comme sans remords, l'hérésie et le sacrilége, et le tribunal de l'inquisition me secondant, nous aurons, je l'espère, bientôt détruit ce manque de religion qui se fait sentir ici. Avant dix ans, si Dieu me vient en aide, ce pays ne sera peuplé que de moines et de religieuses ; mais je vois où vous voulez en venir, maître Enguerrand : votre fille refuse d'être la femme de mon neveu d'Avilla, et vous voudriez la soustraire à l'église. Il n'y faut pas songer ! elle sera la femme de mon neveu, ou prononcera dans ce couvent des vœux qui la séparent à jamais du monde et de ses dangers.

ENGUERRAND. Croyez bien, monseigneur, que mon désir le plus grand serait de devenir l'allié de votre auguste famille. J'ai tout fait pour cela ; mais je n'ai pu vaincre la folle résistance de ma fille.

D'ARCOS. Je le crois,... elle sera donc religieuse.

ENGUERRAND, *avec douleur*. Et je resterai seul !

D'ARCOS. Est-ce que vous en êtes déjà aux regrets, maître Enguerrand ?

ENGUERRAND. Hélas ! monseigneur, je puis bien sans crime laisser tomber une larme au souvenir de mon passé ! vous ne pouvez douter de ma foi, ne vous ai-je pas tout sacrifié ?. J'avais un fils jeune et vaillant, brave entre tous, et je les ai renié, chassé. Il ne me restait que ma fille, et je vous en fais aussi le sacrifice ; je suis vieux déjà et bien façonné à d'anciennes habitudes, et quand le soir je me trouve seul chez moi, n'ayant ni mon fils ni ma fille pour leur donner le baiser du soir, avant de m'endormir en paix, les larmes me viennent aux yeux, et les sanglots à la bouche, quand je songe à mon présent et que je me souviens du passé ! Mais, rassurez-vous, monseigneur, je me rappelle mes promesses, et mon cœur devient calme et tranquille, quand je suis assez maître de moi, pour me souvenir que c'est à mon pays que j'ai fait le sacrifice de mon bonheur et de ma liberté.

SCÈNE III.

LES MÊMES, LA RELIGIEUSE, *puis* L'ABBESSE.

LA RELIGIEUSE, *annonçant*. Madame l'abbesse.

D'ARCOS, *allant à elle*. Nous vous avons, ma sœur, enlevée à vos pieux devoirs.

L'ABBESSE. Non, mon frère, les prières viennent de finir, et je suis prête maintenant à vous entendre.

D'ARCOS. Vos instants sont précieux, ma sœur, chaque minute que vous resterez près de nous est un temps que nous dérobons à Dieu, dont vous êtes une des plus pieuses servantes, nous n'abuserons donc pas de vos précieux instants, et j'arriverai au but sans préliminaires et sans préambules.

L'ABBESSE. Parlez, mon frère.

D'ARCOS. Nous avons remis à vos pieux soins une jeune personne, Marie d'Olivet, pour connaître sa vocation et savoir de vous si nous devons l'admettre à l'honneur de notre alliance, ou la vouer à Dieu. Avez-vous interrogé son cœur et ses plus secrets sentiments ?.. et pouvez-vous nous dire ce qu'il faut faire ?.. Maître Enguerrand d'Olivet, son père, que voici, et moi, nous attendons votre arrêt.

L'ABBESSE. Marie d'Olivet, malgré mes instances, refuse toujours notre alliance; je lui ai donné deux jours pour se décider, et le terme arrive aujourd'hui. Je vais la voir encore une fois, et sa réponse dernière vous sera transmise dans quelques heures.

ENGUERRAND. Pardonnez-moi, madame l'abbesse, si en votre présence j'ose insister et me permettre une seule réflexion. Mais si vous daigniez interroger ma fille, ici, en ma présence et en celle de monseigneur le gouververneur, peut-être sa réponse serait-elle plus favorable à nos désirs, et saurions nous de suite la détermination que monsieur le comte veut prendre.

L'ABBESSE. C'est moi seule qui dois et qui veux l'interroger. Ne m'avez-vous pas dit qu'elle devait être l'épouse de mon neveu d'Avilla, ou appartenir à Dien. Moi seule, comme abbesse de Fervaques et tante de d'Avilla, dois juger si elle est digne de Dieu ou de notre alliance.

A la sœur. Faites venir ici Marie d'Olivet.

La sœur sort. Messieurs, vous m'avez entendue, dans une heure vous aurez ma réponse.

(Enguerrand et d'Arcos sortent)

SCÈNE IV.

L'ABBESSE, ROSALIE, DOROTHÉE.

L'ABBESSE. Que faites-vous ici ?

DOROTHÉE, *embarrassée.* Pardon, madame.. nous... nous... promenions en cherchant.

ROSALIE. Oui... madame... nous cherchions en nous promenant.

L'ABBESSE. Parlerez-vous enfin ?

ROSALIE. C'est que, madame, nous pensions.. nous croyons...

DOROTHÉE. Oui... nous pensions...

L'ABBESSE. Vous deviez d'abord penser que la curiosité est par moi très sévèrement punie. Encore une fois, que cherchiez-vous ?..

DOROTHÉE. C'est Rosalie... qui....

ROSALIE. Oui... c'est moi... qui... qui cherchais mademoiselle Marie d'Olivet, pour lui remettre...

L'ABBESSE. Quoi donc?

ROSALIE. Pour lui dire...

L'ABBESSE. Lui dire ?...

DOROTHÉE. Oui... nous voulions lui demander...

ROSALIE. Si elle voulait se promener avec nous!

L'ABBESSE. Mademoiselle d'Olivet a d'autres occupations que la promenade ; retirez-vous !

(Elle réfléchit.)

DOROTHÉE. Oui, madame.

ROSALIE, *s'en allant, à Dorothée.* Nous nous en sommes tirées heureusement. Les as-tu vus ?

DOROTHÉE. Non, je n'ai pas pu. Et toi?

ROSALIE. C'étaient deux vieux.

DOROTHÉE. Ce n'était pas la peine de nous faire gronder pour cela.

L'ABBESSE, *se retournant.* Eh bien! mesdemoiselles?

ROSALIE et DOROTHÉE, *près de sortir, se retournent vivement et saluent.* Que Dieu soit avec vous, ma sœur.

(Elles sortent.)

SCÈNE V.

L'ABBESSE, MARIE, *amenée par une religieuse qui sort aussitôt.*

L'ABBESSE. Approchez, mademoiselle, approchez, et songez que de vos réponses va dépendre votre avenir; je veux bien descendre encore à vous donner quelques conseils, mais rappelez-vous que c'est la dernière fois; car je suis fatiguée de ne pas trouver en vous toute la soumission et le respect que vous devriez avoir pour vos supérieurs.

MARIE. J'ai toujours rendu à Dieu ce que je lui dois, et aux hommes ce qui leur appartient.

L'ABBESSE. Alors, votre obéissance m'appartient, car ici vous êtes placée sous mon autorité.

MARIE. Je me conforme à toutes les règles de votre maison, madame, vous n'avez rien de plus à exiger de moi.

L'ABBESSE. J'avais entendu parler de l'impertinence des dames de la cour, mais je doute qu'elle dépasse la vôtre. Rappelez-vous que votre père m'a donné de pleins pouvoirs sur vous.

MARIE. Auquel de vos ordres ai-je résisté jusqu'à ce jour, madame ?

L'ABBESSE. Votre corps m'obéit, c'est vrai, mais votre esprit se révolte contre moi, à toute heure.

MARIE. Ma conscience, madame, est un asile où nul n'a le droit de pénétrer.

L'ABBESSE. Vous avez tort, mademoiselle, car elle est fort chargée, votre conscience.

MARIE. J'espère, madame, en la justice, en l'indulgence de Dieu.

L'ABBESSE. Il faudra qu'elle soit grande, car depuis votre entrée dans cette maison vous ne vous êtes pas encore approchée du tribunal de la pénitence.

MARIE. Cette privation m'afflige profondément, mais c'est vous, madame, qui me l'imposez, en me refusant le confesseur que je vous demande.

L'ABBESSE. Celui de l'abbaye est indigne de vous, peut-être ?

MARIE. Non, madame, mais il en est un autre que ma conscience réclame.

L'ABBESSE. Cependant il faudra vous résoudre à l'accepter. Mais.. laissons cela.. Je vous ai fait venir pour savoir au plus tôt si vous voulez profiter de l'honneur de notre alliance, en épousant mon neveu le comte d'Avilla, ou si vous voulez vous vouer éternellement à Dieu ?

MARIE. Je ne puis ni l'un ni l'autre, madame.

L'ABBESSE. Alors vous resterez éternellement ici.

MARIE. Je m'adresserai au roi, d'abord, et si je n'obtiens justice, ce sera au Saint-Père.

L'ABBESSE. Le roi vous laissera mourir ici, quant à notre Saint-Père, s'il sait qui vous êtes, notre famille et cette abbaye seront débarrassées de vous.

MARIE. Si vous n'avez rien de plus à me prescrire, madame, je vous demanderai la permission de me retirer.

L'ABBESSE. J'ai à vous prescrire, mademoiselle, d'épouser le comte d'Avilla, ou de vous disposer à prononcer vos vœux.

MARIE. Jamais !

L'ABBESSE. Dieu le veut !

MARIE. Dieu ne peut vouloir que je sois parjure au serment prononcé sur la croix du Christ... Oh ! vous ne briserez pas ma volonté, à moi, madame, comme vous pouvez briser mon corps; préparez pour moi, si vous le voulez, vos cachots et vos tortures, faites moi descendre vivante dans les entrailles de la terre; ayez moins de pitié pour moi que n'en eurent pour lui les bourreaux du Christ, je dirai toujours non ! mourante, je braverai votre colère, votre torture et vos châtiments, et à vous qui osez affirmer que Dieu veut mon malheur, je dirai dans mes larmes et dans mon désespoir : songez que Dieu vous voit et qu'il peut vous punir.

L'ABBESSE. C'est perdre trop de temps. Voyons, à quoi êtes-vous résolue ?

MARIE. A attendre !

L'ABBESSE. Votre père a tout droit sur vous, et il veut que cela finisse.

MARIE. Si mon père a son droit... moi j'ai aussi le mien.

L'ABBESSE. Le vôtre ? on le brisera comme verre; écoutez-moi bien, mademoiselle, dans une heure il me faut une réponse définitive ; dans une heure si vous n'êtes pas résolue à faire ce qu'on exige de vous, ou vous jettera dans les cachots de l'abbaye, et vous n'en sortirez plus.

MARIE. Que votre main s'appesantisse sur moi, madame, celle de Dieu me relevera peut-être !

L'ABBESSE. Dans une heure.

(Elle sort.)

SCÈNE VI.

MARIE, *seule.* Oh ! mon Dieu ! que vous ai-je donc fait ? pour me laisser ainsi souffrir, sans me rappeler à vous. Inspirez-moi, mon Dieu, inspirez moi.

(Elle s'agenouille près de la croix.)

SCÈNE VII.

ROSALIE, DOROTHÉE, MARIE, *priant.*

ROSALIE, *à Dorothée.* L'abbesse vient de partir, toute colère... viens donc... je te dis qu'elle est seule...

DOROTHÉE. Mais si l'abbesse revient...

ROSALIE. N'as-tu pas entendu qu'elle a dit en sortant .. dans une heure !..

DOROTHÉE. Tu as donc écouté ?

ROSALIE. Et entendu tout... tout !

DOROTHÉE. Mais, c'est un péché !

ROSALIE, *saluant.* Dont je me confesserai, ma sœur !

DOROTHÉE. Ah ! si madame l'abbesse le savait !..

ROSALIE. Tu as donc entendu aussi, toi ?

DOROTHÉE, *baissant les yeux.* Oui !.. (*Vivement.*) Mais je n'écoutais pas, moi !

ROSALIE. Nous n'avons pas employé les mêmes moyens, mais nous sommes arrivées au même résultat... Marie prie toujours !.. il faut pourtant... car si l'on venait !.. (*Allant à Marie.*) Ma sœur, ma chère sœur, écoutez-moi bien, et pardonnez-moi si j'interromps votre prière, et si je parle si vite, c'est crainte de surprise. Voici un billet qu'un beau jeune homme nous a jeté par une des croisées du réfectoire où nous étions seules alors, en nous priant avec instance de vous le faire parvenir.. le voilà... prenez-le vite... bien vite...

MARIE. Un billet ?

ROSALIE. Oui, d'un beau jeune homme qui nous l'a jeté.. N'est-ce pas, Dorothée, que c'était un beau jeune homme ?

DOROTHÉE. Je n'ai pas regardé, ma sœur.

ROSALIE. Comment, tu ne l'as pas vu !

DOROTHÉE. Si... pourtant, je l'ai vu... mais sans regarder.

ROSALIE. Ah ! oui... tu as vu sans regarder, comme tantôt tu as entendu sans écouter. C'est juste.. adieu, mademoiselle Marie, nous nous retirons, car si madame l'abbesse venait...

MARIE, *lisant.* Oui, oui.. éloignez-vous, mes enfants, éloignez-vous.

ROSALIE, *à Dorothée en sortant.* Dis donc, Dorothée, si je suis obligée de me confesser d'avoir été bavarde et curieuse, tu as toi un autre péché dont il faudra t'accuser.

DOROTHÉE. Lequel donc, ma sœur ?

ROSALIE. Le mensonge !

DOROTHÉE, *se récriant.* Le mensonge ?..

ROSALIE. Sois donc tranquille ! en ne disant pas à confesse pourquoi j'ai été bavarde et curieuse , et toi , pourquoi tu as menti, nous aurons notre absolution, et nous pourrons recommencer.

DOROTHÉE. Tu crois ?..

ROSALIE. J'en suis sûre ?

(Elles sortent.)

SCÈNE VIII.

ROSALIE, *seule.* Cette lettre ! cette lettre !.. mais c'est de mon frère... mon pauvre frère !.. braver tant de périls ! tant de dangers pour me secourir et me sauver, peut-être ! oh ! merci, mon Dieu ! c'est vous qui me l'envoyez ? vous avez eu pitié de mes larmes et de mes douleurs. Ce n'est donc pas en vain que je vous ai prié ! oh ! merci, mon Dieu , merci !.. relisons encore. « Marie, ma bonne et tendre » sœur, je ne sais si ce billet parviendra jus- » qu'à toi, et pourra te rassurer. Je ne sais » encore à qui je pourrai le confier, mais » Dieu me guidera, je l'espère !.. un grand » événement se prépare, le pouvoir de l'Espa- » gnol ne pésera plus , peut-être , que quelque » jours sur notre malheureuse cité , aie donc » du courage et de l'espoir , résiste de toutes » les forces de ton âme, et l'heure de la déli- » vrance ne peut tarder pour toi comme pour » nous. Je ne suis plus seul, j'ai près de moi » un ami, un frère, à qui je peux parler de » toi; un ami qui serait heureux de te donner » son sang et sa vie, et qui t'aime plus que » moi peut-être; car si je t'aime comme un » frère, Hugues de Vermand t'aime comme » un époux. » Mon frère ! mon bon frère !.. Hugues près de lui... oh ! mon Dieu, j'espère maintenant, j'espère !.. mon frère ! oh ! si je pouvais le voir et l'embrasser. On vient , cachons ce billet,.. que veut dire ceci, espère-t-on m'intimider par tout cet appareil ?

SCÈNE IX.

MARIE, L'ABBESSE.

(L'abbesse entre précédée de religieuses, et suivie de moines et de pélerins, qui viennent garnir les deux côtés de la scène.)

L'ABBESSE. Marie, l'heure est écoulée, et c'est en présence de tous que je veux avoir votre réponse , pour prouver à toutes vos compagnes et aux bons pères que vous la faites librement. Qu'avez-vous décidé ?

MARIE. Que je ne serais jamais l'épouse du comte d'Avilla.

L'ABCESSE. Vous préférez donc prononcer vos vœux et vous vouer à Dieu.

MARIE. J'ai fait serment d'être l'épouse du comte de Vermand , de ma volonté je ne serai jamais parjure.

L'ABBESSE. Fille rebelle ! puisque rien ne peut vaincre votre aveuglement, l'oubli de vos devoirs et votre désobéissance aux ordres de Dieu et de votre père, écoutez donc la sentence irrévocable que nous allons prononcer. Vous ne serez ni à Hugues de Vermand ni au comte d'Avilla , et Dieu vous repousse à jamais du nombre de ses enfants. Ecoutez tous, et méditez, car l'arrêt qui va frapper une coupable aujourd'hui, peut vous frapper à votre tour : Mes sœurs, que l'on sonne la cloche des morts ! Marie d'Olivet, rebelle à notre foi, morte pour tous, va être descendue vivante dans les caveaux du couvent, pour n'en sortir jamais; les prières des morts seront dites pour elle, et ces bons pères vont mêler aux nôtres leurs chants funèbres, et prier avec nous pour la paix et le repos de son âme.

MARIE. Pour moi !.. oh ? grâce ! grâce ! madame !

L'ABBESSE. J'ai dit; qu'on exécute mes ordres.

(Des religieuses s'avancent.)

MARIE, *reculant devant elles.* Oh ! ayez pitié de moi.

L'ABBESSE. De la pitié !.. ah ! tu m'implores à présent ?

MARIE. Pas vous , madame , mais Dieu !

L'ABBESSE. Dieu lui-même ne peut te sauver.

MARIE. Oh ! mais qui me sauvera donc ?

GASPARD , *ôtant sa robe de pélerin.* Moi.

MARIE, *le reconnaissant et se jetant dans ses bras.* Gaspard ! mon frère !.. oh ! c'est un rêve !

(Elle s'évanouit.)

L'ABBESSE. Qui ose ainsi...

GASPARD. Moi ! Gaspard d'Olivet, son frère , qui viens l'arracher à votre tyrannie... Ce que mon père ne peut oser... je l'ose, moi... et que nul ne bouge, car en cas de résistance, ces bons pères me prêteront main forte. (*Les pélerins ôtent leurs robes et sont en armes.*) J'ai sauvé ma sœur, maintenant, amis, allons venger nos frères.

(TABLEAU. — *Fin du deuxième acte.*)

ACTE TROISIÈME.

Le Mayeur de Saint-Quentin.

Décor. — Salon riche, style gothique; portes au fond, portes latérales. Bureau à droite, fauteuils, armes, armures, panoplées.

SCÈNE Iʳᵉ.

MATHURIN, GERTRUDE, *Mathurin est occupé à ranger quand Gertrude entre.*

GERTRUDE. Eh bien! vous n'avez pas encore fini.

MATHURIN. Ecoutez donc, madame Gertrude, je me dépêche; mais de temps à autre j'entends quelque coups d'arquebuse, ou quelque rumeur lointaine, et je m'arrête pour écouter.

GERTRUDE. Songez donc plutôt à terminer bien vite votre besogne. Si messire Enguerrand rentrait!..

MATHURIN. Je serais encore grondé... avec ça que messire Enguerrand n'a pas l'air de bonne humeur depuis quelques jours. Voulez-vous que je vous dise, madame Gertrude?..

GERTRUDE. Quoi donc, monsieur Mathurin.

MATHURIN. Tout cela me semble drôle, quand je pense qu'hier encore nous étions si tranquilles, et que depuis ce matin on entend à chaque instant des décharges de mousqueterie, des bruits d'armes, comme si l'on se battait de par la ville. J'ai bien envie d'aller y voir.

GERTRUDE. Vous?.. vous allez rester ici et finir de tout mettre en ordre, car monsieur ne peut tarder à rentrer; surtout avec ce tapage dans les rues, il sera sans doute allé mettre le holà.

MATHURIN. J'aime mieux qu'il en soit chargé que moi. (*Bruit.*) Entendez-vous?.. entendez-vous?..

(Cris au lointain, fusillade.)

GERTRUDE. Parbleu! c'est la suite de l'affaire de tantôt.

MATHURIN. Quelle affaire, dame Gertrude?

GERTRUDE. Ah! c'est vrai, vous ne savez rien, vous n'êtes pas sorti d'ici; c'est la suite de l'affaire qui est arrivée au couvent de Fervaques ce matin : des misérables se sont introduits dans l'enceinte sacrée, sous des habits de moines, on ne sait sous quel prétexte, sans doute pour piller et voler, heureusement que des soldats espagnols sont arrivés à temps. On s'est battu, et les brigands allaient être exterminés jusqu'au dernier, quand ils ont reçu du renfort. Les Espagnols en ont reçu aussi, et depuis ce matin tout le quartier de Fervaques est en état de siége, on se bat dans les rues, dans le couvent, dans les maisons, on ne peut en approcher, et je suis certaine que messire le mayeur, qui n'est pas rentré depuis ce matin, cherche en ce moment à avoir des nouvelles de sa fille qui était enfermée dans le couvent.

MATHURIN. Dites donc, madame Gertrude, il me semble que le bruit se rapproche! ah! mon Dieu! s'ils allaient venir jusqu'ici.

GERTRUDE. Imbécile! il faudrait qu'ils repoussent les soldats espagnols qui gardent tous les abords de la place.

MATHURIN. Madame Gertrude, on a ouvert la porte d'en bas. Ecoutez, on monte l'escalier.

GERTRUDE *va au fond.* C'est messire le mayeur. Partons.

MATHURIN, *se sauvant.* Il a l'air encore plus sombre et plus triste que de coutume... je vais avec vous, attendez-moi, madame Gertrude.

(Il sort en courant après Gertrude qui le précède.)

SCÈNE II.

LE MAYEUR *entre, il ôte son manteau et son chapeau, les pose sur un meuble, il est armé d'une dague.* (Bruits au dehors.) *Il va à la fenêtre; et après un silence, dit :*

L'émeute, un moment abattue, a relevé la tête... la guerre éclate de nouveau!.. guerre sans trêve et sans pitié!.. et je suis là!.. seul!. impuissant pour le bien, quand j'ai tant fait pour le mal. Je ne puis aller me mêler à ces généreux et braves citoyens, qui vont donner leur vie pour essayer d'affranchir leur ville. S'ils triomphent! comprendront-ils mon dévouement?.. Non, ils ne le peuvent pas, car les preuves que je pourrais leur en donner seraient nulles, à leurs yeux prévenus contre moi; et pourtant, qu'il m'a fallu d'abnégation pour courber la tête sous le fouet du vainqueur, qu'il m'a fallu de courage pour continuer ma tâche jusqu'au bout. Pourrai-je maintenant m'affranchir de l'esclavage volontaire que je me suis imposé; moi, le traître! le transfuge! quelle main voudrait presser la mienne, qui voudra croire à mon dévouement et à mon sacrifice? Qu'as-tu fait, me dira-t-on, pour la cause de la patrie... rien!.. tu as eu peur?.. tu as été traître et parjure!.. Moi? traître! oh! si l'on pouvait lire dans mon cœur, si l'on pouvait y voir le regret que j'éprouve de n'avoir pas suivi la route que tant de nobles victimes m'avaient tracée! et pourtant j'ai tout sacrifié... Oh! mon Dieu! mon Dieu! quand la lutte s'engage, ne laisse pas faiblir mon courage, donne à mon cœur un peu d'espoir, et soutiens-moi dans cette douloureuse épreuve. Fais que je ne meurre pas, sans être absous et justifié! une heure, seigneur! une heure de triomphe! une heure dans les bras de mon fils et de ma fille!.. une heure de réparation, mon Dieu! et je pourrai mourir! car mon âme pourra sans regret quitter la terre, si j'y laisse un souvenir de dévouement et d'abnégation, ou si je succombe pour la cause sainte et sacrée de la patrie.

(Bruit fort.)

Mais le bruit redouble, le combat continue, le sang coule toujours; que de victimes! Veille sur nous, mon Dieu... et jette du haut des cieux un regard de pitié sur tes enfants.

SCÈNE III.

(La porte s'ouvre avec fracas; paraissent sur le seuil Hugues, Marie, Gaspard, Rosalie et Jean Peuquoy; Enguerrand a porté la main à son épée, Marie est tombée à genoux.)

ENGUERRAND, HUGUES, MARIE, ROSALIE, JEAN PEUQUOY, GASPARD, *masqué.*

MARIE. Pitié, mon père! pitié et grâce pour votre enfant.

ENGUERRAND, *courant à elle.* Ma fille, c'est toi! toi ici?

MARIE. Mon père! on se bat partout dans les rues, sur les places, Fervaques a été attaqué; on abusait de votre nom, mon père, pour me faire consentir à un hymen que j'abhorre, on me condamnait à mourir, et déjà on allait m'entraîner dans un sombre cachot, pour m'y ensevelir vivante, lorsque de généreux défenseurs sont accourus pour me sauver. La lutte s'est engagée entre eux et des soldats espagnols appelés par l'abbesse. Le sang a rougi les dalles du saint lieu. Pendant le tumulte, nous avons été, moi et cette jeune fille, éloignées du danger, et amenées ici, près de vous, mon père, où je puis du moins vous voir près de moi, et s'il le faut mourir près de vous.

ENGUERRAND. Mourir! toi enfant? tu parles de mourir? toi, si jeune, si belle! toi ma fille, mon enfant!.. tu as donc eu bien peur?

MARIE. Pas pour moi, mais pour vous, mon père. J'ai si souvent entendu mes compagnes parler de vous, votre nom est toujours sur leurs lèvres... et toujours pour vous maudire.

ENGUERRAND. Et que leur ai-je donc fait?

MARIE. Elles vous accusent d'avoir servi la volonté espagnole, pour les plonger dans le cloître. Mais ce ne sont pas elles que vous devez craindre, mon père, ce sont les hommes qui vous regardent, eux, comme la cause de leurs malheurs et de leurs chagrins.

ENGUERRAND Moi?..

ROSALIE. Et ils ont bien raison, car enfin maître Mathieu avait un fils, il devait m'épouser, et l'on m'a jeté dans le couvent aussi, moi, et sans raison, sans motif, rien que par la volonté de mon confesseur; je vous demande un peu si l'on pouvait avoir des idées pareilles, et encore il a eu l'audace de répondre à mon père, qui s'en plaignait, que c'était par suite de vocation... elle était jolie la vocation!.. j'en avais une, c'est vrai, mais c'était d'être la femme du fils de maître Mathieu; d'avoir mon petit ménage, mon petit mari, des petits enfants; car j'en aurais eu, j'en suis bien sûre, des petits enfants; et en place de tant de bonheur, on veut me faire religieuse... jamais!.. et plutôt que de rentrer au couvent... je me fais homme aussi, et je me révolte; que diable!

ENGUERRAND. Quel est ce petit démon?

MARIE. Une pauvre enfant, qu'on a jeté de force au cloître, et qui vous en accuse... Mais ce n'est pas tout, mon père, si à la faveur du tumulte nous sommes arrivés jusqu'ici, c'est grâce au courage et au généreux dévouement de nos libérateurs.

ENGUERRAND. Merci, messieurs, merci, et si jamais je puis vous être utile.

HUGUES. A nous, messire, non! nous suivons deux routes trop distinctes pour jamais nous rencontrer. Mais pour Marie, pour votre fille, je vous dirai seulement : partez, le danger vous environne, éloignez-vous pour quelque temps du moins, plus tard vous reviendrez; mais emmenez votre fille, puisque vous n'avez plus qu'elle.

ENGUERRAND. Et mon fils?

HUGUES. Vous ne le reverrez peut-être jamais.

ENGUERRAND. Jamais! que lui ai-je donc fait?

HUGUES. A lui, rien, mais songez à la patrie!

ENGUERRAND. A la patrie! toi aussi, jeune homme, tu m'accuses? mais sais-tu que mon dévouement pour elle a été plus grand que celui d'aucun de vous. Sais tu qu'à la patrie j'ai sacrifié mon fils et ma fille.

JEAN PEUQUOY. Pour l'opprimer!.. Moi, je n'ai donné que mon sang, mais c'était pour la servir.

ENGUERRAND. Sais-tu que pour sauver cette malheureuse ville du pillage, j'y suis seul resté? sais-tu que j'ai eu le courage d'aller seul au-devant de l'armée ennemie, qui y faisait son entrée?. sais-tu, toi qui m'accuses, que si je me suis fait à vos yeux l'âme damnée des espagnols, l'exécuteur de leurs arrêts infâmes, c'était pour sauver mes concitoyens de la mort ou de la faim?.. que si, comme tous, j'avais abandonné la ville, Saint-Quentin ne serait à cette heure qu'un monceau de cendres et de ruines. Sais-tu que j'ai sacrifié une partie de ma fortune pour sauver ma ville natale, et sais-tu enfin que je suis prêt à faire le sacrifice de ma vie et de ce qui me reste, pour l'affranchir du joug de l'étranger?.. Eh bien! parlez? est-ce lui? est-ce mon fils? est-ce vous tous qui avez versé votre sang avec plus de dévouement et d'abnégation pour la cause de la patrie ?

GASPARD, *ôtant son masque et s'avançant.* Non ! mon père, non ! et pardonnez-moi d'avoir douté de vous !

(Il va pour s'agenouiller.)

ENGUERRAND. Gaspard ! dans mes bras, mon fils ! dans mes bras.

GASPARD, *à Hugues et Jean.* Et maintenant frères ! au combat.

ENGUERRAND. Avez-vous donc quelqu'espoir de vous défendre.

GASPARD. Non seulement de nous défendre, mon père, mais de vaincre. Mais il nous manque des armes.

ENGUERRAND. Des armes ? celles que je possède sont à vous ; et s'il vous faut de l'or pour payer le courage ou la trahison, disposez du mien.

GASPARD et HUGUES. A bientôt, mon père.

(Ils sortent.)

ENGUERRAND. Du courage, mes enfants.

SCÈNE IV.

(Peuquoy va les suivre, Enguerrand l'arrète et lui tend la main.)

LES MÊMES, *hors GASPARD et HUGUES.*

ENGUERRAND, *lui tendant la main.* Votre main, Jean, vous voyez que je suis toujours digne de vous ?

PEUQUOY, *la lui donnant.* Pardon, Enguerrand, j'oublie votre passé et espère en votre avenir.

ROSALIE. Messire, je vous rends mon estime, mais tâchez de vaincre, pour que je ne sois pas religieuse.

MATHURIN, *entrant.* Monseigneur le comte d'Arcos !

ENGUERRAND. Impossible de sortir, vous le rencontrerez : Jean, je vous en supplie, entrez là, et pas un mot, pendant ce qui va se passer entre nous.

PEUQUOY. Rester !.. dans ce moment..

ENGUERRAND. Au nom de mon honneur, je vous en prie, et toi, aussi Marie, éloigne toi !

MARIE. Mon père, je vais prier pour vous,

(Les femmes entrent dans le cabinet, Peuquoy les suit, Enguerrand ferme la porte et prend la clef.)

ENGUERRAND. Oh ! c'est Dieu qui a conduit tout cela !..

(Il va s'asseoir à droite.)

SCÈNE V.

D'ARCOS, *entrant vivement,* ENGUERRAND.

D'ARCOS. Vous ici, maître, et dans cette tranquillité ? vous ignorez donc ce qui se passe ?..

les manants et les bourgeois osent lever la tête... l'étendart de la révolte flotte dans les rues, et l'un de ses premiers magistrats est tranquille sur son fauteuil. Faut-il donc que ma voix vienne vous réveiller de votre engourdissement. Une ville rebelle, qui se révolte ! vive Dieu ! je l'ensevelirai dans ses fondations, levez-vous donc, et suivez-moi !

ENGUERRAND. Me lever ! oui ; vous suivre ! non !

D'ARCOS. Je vous somme de m'obéir !

ENGUERRAND. Et si je refuse ?

D'ARCOS. Je vous ferai punir !.. si l'Espagne a été assez faible pour vous récompenser, elle est assez forte pour vous punir.

ENGUERRAND. Hâtez-vous donc ! car votre pouvoir tombe devant celui de la France, qui se lève.

D'ARCOS. Nous sommes les maîtres ici !

ENGUERRAND. C'est pendant que vous êtes encore les maîtres, monseigneur, que je veux vous parler sans contrainte, que je veux vous dire toute ma pensée, ce que j'ai fait, et pourquoi je l'ai fait... Je me suis donné à vous, j'ai sacrifié toute ma famille : j'avais un fils, noble et grand, généreux et brave, pour vous et par vous, je l'ai chassé ; il a été condamné par vos juges, forcé de chercher un refuge, un abri, quand la maison et le cœur de son père n'auraient jamais dû lui être fermés ; j'ai condamné ma vieillesse aux larmes, au désespoir, et tout cela par vous et pour vous.

D'ARCOS. Il me semble vous en avoir récompensé ?

ENGUERRAND. Et quelle récompense peut payer le sang d'un fils ?.. ces hochets, ces titres, dont vous m'avez paré, je les hais, je les méprise, je les foule à mes pieds. C'était le cœur et l'amour de mon fils qu'il me fallait, et par vous, je les ai perdus ; il me restait une fille, eh bien ! vous me la ravissez aussi, et vous la forcez de choisir entre le cloître et une alliance que son cœur repousse, et quand elle résiste vous la condamnez à mourir. J'ai sacrifié mon fils, j'ai sacrifié ma fille, quel sacrifice nouveau faut-il encore, pour que vous soyez satisfait, et vous avez cru, que moi, faible instrument docile de votre volonté, je ne relèverais pas un jour la tête, quand vous voudriez me la briser du talon.

D'ARCOS. Maître Enguerrand !..

ENGUERRAND. Laissez-moi tout vous dire ! car il faut que je parle, enfin !.. le jour des confidences est venu.

D'ARCOS. Prenez garde, maître Enguerrand, ma confiance n'est pas sans bornes, comme ma croyance en Dieu, et l'instrument dont je me suis servi, je puis le briser.

ENGUERRAND. Tout à l'heure, messire, mon sort sera entre vos mains, ou entre celles de Dieu ; de la révélation que je vais vous faire dépendront ma béatitude ou ma damnation. Ecoutez-moi donc, écoutez-moi. Lorsque les Espagnols entrèrent en cette ville et en prirent possession, j'avais deux rôles à prendre, l'un glorieux et noble, celui de mourir les armes à la main ou sur un bûcher comme rebelle et martyr, l'autre d'embrasser le parti du vainqueur, d'être pris en haine et d'être considéré par mes concitoyens comme le bourreau et l'oppresseur de ma ville. C'est celui-là que j'ai choisi, pourtant; l'un me donnait de la gloire, mais était sans bien et sans portée pour mon pays, l'autre m'attirait l'aversion, mais sauvait la ville. Je me suis fait votre valet, votre sbire, votre âme damnée; j'ai jugé, condamné, fait exécuter de braves soldats, dont j'aurais voulu partager le sort; mais une pensée grande et glorieuse m'occupait, il fallait sauver la ville de la destruction et du pillage; il fallait que votre présence ne fît pas cesser cet élan du travail et de l'industrie, qui un jour fera de notre ville une des cités manufacturières les plus riches de l'Europe. Si j'avais abandonné cette ville, confiée à ma tutelle, je me serais cru lâche et infâme, comme le soldat qui abandonne son drapeau la veille d'une bataille; j'ai accompli mon devoir, et pourtant on a attaché mon nom au poteau de l'infamie. Jugez donc quel a été mon courage et mon dévouement, puisqu'à cette cause de la patrie, à laquelle on me croit parjure, j'ai sacrifié mon fils, ma fille, et jusqu'à mon honneur.

D'ARCOS. Vous voulez sans doute quelque nouvelle récompense pour vos services, et...

ENGUERRAND. Je veux justifier ma conduite, car le jour de la réhabilitation est venu.

D'ARCOS. Que voulez-vous dire?

ENGUERRAND. Que le peuple! le peuple que vous méprisez, monseigneur, le peuple de St-Quentin, dont vous vouliez faire des moines, m'a maudit hier et me bénira peut-être demain.

D'ARCOS. Souvenez-vous toujours que si l'Espagne sait récompenser qui la sert, l'Espagne sait aussi punir qui la trahit.

ENGUERRAND. L'Espagne! toujours l'Espagne! et que me parlez-vous de l'Espagne, que me fait à moi, si elle peut récompenser ou punir... mais ne voyez-vous donc pas que chaque jour votre Espagne tombe et dégénère! que si votre patrie a porté ses armes sur la terre étrangère, le temps arrive où à son tour elle subira l'invasion et la guerre civile. La France, abaissée, se relèvera glorieuse et menaçante! un règne victorieux s'annonce pour nous affranchir à jamais du joug de l'étranger. La France, votre esclave, brise ses chaînes, et du fer de ses entraves se fait des armes pour vous vaincre à son tour. Vos esclaves d'aujourd'hui, régénérés demain par les combats et la victoire, seront forts et puissants, les produits de leur industrie inonderont la terre et leur apporteront la richesse et l'abondance, tandis que votre Espagne, pauvre et menacée, n'aura plus, pour ses hidalgos, riches aujourd'hui de leurs vols et de leurs rapines, que le manteau troué et le haut de chausses en loques du lazzaronne. L'Espagne tombe et dégénère, et c'est l'inquisition qui la tue, l'inquisition, minotaure vivant qui engloutit et dévore ses enfants, l'inquisition qui voulait éteindre à jamais le flambeau de la liberté.

D'ARCOS. Quelle est cette trahison?

ENGUERRAND. Ce n'est pas une trahison, monseigneur! c'est une vengeance.

(Grand bruit.)

D'ARCOS. Quels sont ces cris?

ENGUERRAND. Ceux du peuple! auprès de qui je vais me rendre.

D'ARCOS, *se plaçant entre lui et la porte.* Vous ne sortirez pas!

ENGUERRAND. Qui m'arrêtera?

D'ARCOS. Moi!

(Il tire son épée.)

ENGUERRAND, *tirant la sienne.* L'un de nous sortira donc seul.

D'ARCOS. La trahison se punit par la hache et le bourreau, comme je n'ai ni hache ni bourreau, je veux bien salir mon épée.

ENGUERRAND. Dieu soutiendra le bon droit.

D'ARCOS. La révolte sera châtiée par mes soldats.

ENGUERRAND. Nos bourgeois chasseront vos soldats, comme on les a chassés de la Hollande et du Brabant.

D'ARCOS. Traître! tu ne verras pas leur triomphe!

ENGUERRAND. Et toi, bourreau de la Picardie, sbire de l'inquisition, tu ne verras pas la défaite des tiens.

(Ils se battent, pendant ce temps on brise la porte du fond; quand Enguerrand chancelle frappé, la porte cède, ainsi que celle de gauche brisée par Jean Peuquoy, tout le monde entre en scène, on saisit d'Arcos.)

GASPARD, *s'élançant.* Mon père!

ENGUERRAND, *dans ses bras.* Mon fils!.. Sire de Vermand, soyez l'époux de Marie!.. Mon fils... adieu... je meurs... pour mon pays!

(Il meurt.)

GASPARD. Mon père!..

(Il le soutient.)

JEAN PEUQUOY. Frères!.. c'est la noble victime d'un généreux dévouement, il est mort pour nous! par son courage il a déjà sauvé la ville de la destruction et du pillage, aujourd'hui il tombe martyr de la plus sainte cause!. prions amis, prions, pour le grand citoyen qui meurt pour sa patrie.

(TABLEAU.)

FIN.

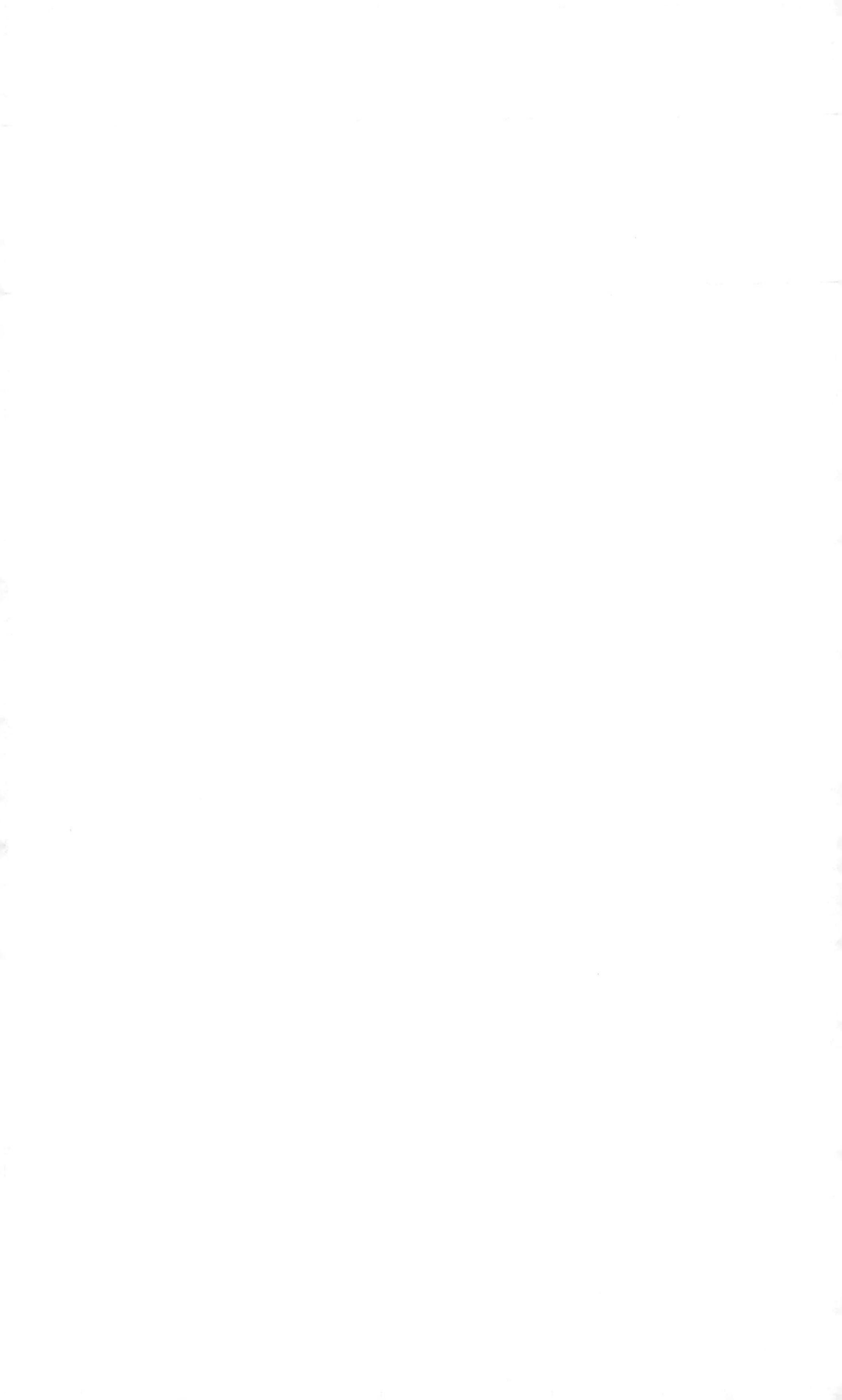